Un vidéo rock

À notre table, Karine pique une fève avec chacune
des dents de sa fourchette.

— Mais comment sais-tu que tu vas obtenir un rôle?
demande-t-elle à Stéphanie.

— J'ai toujours été choisie lorsque je me suis
inscrite pour jouer un rôle. J'en ai joué plusieurs
lorsque je demeurais en ville.

— Tu n'as jamais eu le trac? lui demande Patricia.

— Tu veux rire, s'écrie Stéphanie en secouant la
tête. Plus il y a de monde, mieux c'est. J'ai une idée,

Un vidéo rock

Susan Saunders

traduit de l'anglais par
Dominique Chauveau

Données de catalogage avant publication (Canada)

Saunders, Susan

    Un vidéo rock
    (Collection Clair de lune, no 2)
    Traduction de Starring Stephanie
    Pour adolescents
    ISBN: 2-7625-6632-0

I Titre   II.Collection
PS3569.A96S7214 1990   j813'.54   C90-096743-9

Sleepover Friends #2 - Starring Stephanie
Copyright © Daniel Wiess Associates, Inc.
Publié par Scholastic Inc, New York, USA

Version française
© Les Éditions Héritage Inc.1991
Tous droits réservés

Dépôts légaux: 1er trimestre 1991
Bibliothèque nationale du Québec
Bibliothèque nationale du Canada

ISBN: 2-7625-6632-0   Imprimé au Canada

LES ÉDITIONS HÉRITAGE INC.
300, rue Arran
Saint-Lambert, Québec
J4R 1K5
(514) 875-0327

Chapitre 1

— Je ne sais pas si c'est ce film sur le désert ou la trempette spéciale de Liliane, lance Stéphanie, mais je meurs de soif!

C'est vendredi soir et Stéphanie, Patricia et moi, Liliane, dormons toutes chez Karine.

Je suis d'accord avec Stéphanie, je meurs de soif, moi aussi. Je demande s'il reste de la limonade au réfrigérateur.

— Chut! fait Karine, les yeux rivés à l'écran.

Nous regardons un film étrange. Karine est une de ces personnes qui n'aime pas parler pendant un film, même si ce dernier se déroule à la télévision. C'est vraiment une mordue du cinéma.

— De l'eau... de l'eau... supplie l'homme à l'écran d'une voix sourde en dégringolant en bas d'une dune de sable.

— Au secours... docteur... râle Stéphanie en se tenant la gorge à deux mains et en titubant.

Patricia et moi éclatons de rire. Karine fronce les sourcils.

— Pouvez-vous attendre une minute? demande-t-elle. Je veux juste voir ce qui va arriver.

— Karine, on a probablement déjà vu ce film cinq fois, lui dis-je. Tu sais très bien ce qui va se passer; il y a une oasis de l'autre côté de la dune et sa petite amie arrive à sa rescousse à dos de chameau.

Une annonce publicitaire met fin à la discussion. Un jeune homme mince, les cheveux blonds décolorés hérissés de pointes et les yeux maquillés au crayon noir sourit à la caméra.

— Vous voulez participer à notre vidéo? sollicite-t-il.

— Qui c'est? demande Stéphanie.

Je lui explique qu'il fait partie d'un nouveau groupe rock, les Rockers, qui doit faire un vidéo ici même, dans notre région. Ceux qui devinent le lieu exact du tournage pourront faire partie du vidéo.

— Vraiment? fait Stéphanie en exécutant quelques pas de danse. Vous me voyez à la télévision?

— Je suis Richard Gauthier, poursuit le jeune homme. Surveillez notre premier indice et l'arrivée de notre microsillon chez votre disquaire Super Musique.

Il y a un magasin Super Musique au centre commercial.

— Il est vraiment beau! soupire Stéphanie, pensive.

— C'est difficile de savoir s'il est grand ou petit, ajoute Patricia.

Patricia est la fille la plus grande de la classe. C'est pour ça qu'elle attache autant d'importance à ce genre de détail.

— Pour des gens qui mouraient de soif il y a trois secondes, vous récupérez drôlement vite, l'interrompt Karine. Voulez-vous descendre ou non?

— Oui, répondons-nous.

— Pas de bruit! nous rappelle-t-elle avant d'ouvrir la porte de sa chambre. Maman sera très fâchée si nous réveillons papa.

Le père de Karine est médecin. Il avait été de garde à l'hôpital la veille et n'avait pas dormi de la nuit.

— Venez, dit Karine. Attention à la troisième marche qui craque.

Je connais le bruit de cette marche aussi bien que le craquement de la porte de la salle de bains chez moi. Karine et moi demeurons à deux maisons l'une de l'autre. Nous avons toujours été de grandes amies et, depuis la garderie, toutes les fins de semaines, nous couchons chez l'une ou chez l'autre. L'été avant d'entrer en quatrième année, Stéphanie avait déménagé dans notre rue. Elle et moi étions devenues amies parce que nous étions assises l'une à côté de l'autre dans la classe. Peu de temps après, Karine, Stéphanie et moi passions nos soirées du vendredi chez l'une et chez l'autre.

Karine et Stéphanie ne voyaient jamais les choses de la même façon et je me retrouvais toujours prise entre les deux. Mais Patricia Jasmin est arrivée cette année dans notre classe de cinquième année. Stéphanie et Patricia allaient à la même garderie et en première année ensemble, en ville. Elles se connaissent donc depuis presque aussi longtemps que Karine et moi. Patricia est plutôt silencieuse, mais très amicale et très sensible. Karine et moi l'avons tout de suite aimée. Et maintenant, nous sommes quatre à nos réunions du vendredi soir. Mon père nous a baptisées les inséparables.

Nous nous glissons dans le couloir et nous dirigeons vers l'escalier. Stéphanie et moi nous cognons la tête

7

dans le noir et étouffons notre rire derrière nos mains.

— La chambre du monstre Mélissa! prévient Karine dans un murmure, en montrant une porte fermée.

Mélissa est la petite soeur de Karine. Elle essaie toujours de s'infiltrer dans nos soirées, bien qu'elle ne soit qu'en deuxième année. Stéphanie et moi nous arrêtons vite de rire.

Nous descendons les marches sur la pointe des pieds. Karine allume la lumière dans la cuisine et ouvre la porte du réfrigérateur.

— Il y a tout un pot de limonade, annonce-t-elle.

— J'ai encore faim, dis-je en regardant dans le réfrigérateur.

— Après du fudge, des sandwichs au beurre d'arachide et à la confiture et des croustilles avec une trempette? s'écrie Stéphanie.

— Liliane est un puits sans fond! s'exclame Karine. Il reste un peu de salade de poulet dans ce bol vert...

Je suis intriguée par un bol recouvert d'un papier d'aluminium.

— C'est un superbe dessert pour la soirée de mes parents, demain, explique Karine. Une mousse au chocolat.

— Miam, ça a l'air bon! soupire Stéphanie.

Karine regarde la mousse de plus près.

— Elle est un peu plus haute d'un côté, remarque-t-elle. On peut peut-être y goûter en prélevant un peu de mousse du côté le plus élevé. Liliane, apporte une cuillère.

Chacune de nous prend donc une minuscule cuillerée de mousse, juste pour égaliser la surface. C'est encore meilleur que ça en a l'air, si c'est possible. Du chocolat pur!

— Miam! s'exclame de nouveau Stéphanie. Aussi bonne que celle que j'avais l'habitude de commander en ville, chez Alfredo!

Karine lui donne un coup de coude. Elle ne supporte pas d'entendre Stéphanie parler de ce qu'elle faisait quand elle demeurait en ville. Moi, j'aime plutôt ça.

— C'est délicieux, affirme Patricia en tendant la cuillère à Karine. Qu'est-ce que c'est ces petites choses violettes, au milieu?

— Des violettes candis, explique Karine en replaçant le papier d'aluminium sur le plat. Les fleurs sont trempées dans du sucre candi. Vous voulez en goûter une?

J'en ai bien envie. J'ai suffisamment faim pour manger des fleurs. Patricia et Stéphanie font signe que oui, elles aussi.

Karine fouille un peu dans le réfrigérateur et finit par en sortir un petit pot de verre.

— Il n'en reste que quatre, déclare-t-elle après avoir dévissé le couvercle. Une pour chacune.

Ma violette est croustillante et sucrée, mais elle ne goûte pas grand-chose.

— On les utilise surtout comme décorations, poursuit Karine. Bon, qui veut de la limonade?

— Moi, dis-je. Et faisons encore un peu de maïs soufflé au micro-ondes.

Lorsque nous regagnons la chambre de Karine, le film sur le désert est terminé. Karine éteint le téléviseur.

— Il est vingt-trois heures. Il faut écouter les demandes spéciales à la radio.

De vingt-trois heures à minuit, le vendredi et le samedi soir, on peut téléphoner à un poste de radio et demander de faire jouer une chanson pour une personne de notre choix. La plupart des jeunes du secondaire y participent et c'est drôle d'essayer de mettre un visage à leur nom. On a déjà entendu une chanson dédiée à mon frère, Jérôme, qui a dix-sept ans. Nous l'avons embêté avec ça pendant des semaines.

Karine allume son poste de radio. Stéphanie ouvre son sac et en sort deux petites boîtes roses.

— Devinez ce que j'ai apporté? lance-t-elle. Des ongles en acrylique!

Elle ouvre une des boîtes et en sort une poignée d'ongles rouge éclatant, bien entendu, parce que les couleurs préférées de Stéphanie sont le noir, le rouge, le mauve et le blanc.

— Je n'en ai jamais vu d'aussi près, murmure Patricia.

Pour quelqu'un qui a grandi en ville, Patricia n'en connaît pas beaucoup sur le fond de teint, les trucs de beauté ou la mode. Stéphanie est tout le contraire. Elle est toujours au courant des dernières nouveautés sur la mode et est la première à afficher un nouveau style, comme porter son chandail de coton ouaté les manches vers le bas, en guise de pantalon, sur un collant fluo.

Stéphanie tend les ongles et la colle spéciale à Patricia.

— Je vais t'aider, lui dit-elle. Ne touche pas la colle, ça peut coller après n'importe quoi.

Bien vite, nous avons toutes installé nos ongles de la main gauche et nous nous aidons pour installer ceux de la main droite.

— Vous ne connaissez peut-être pas encore les Rockers, mais vous n'allez pas tarder à en entendre parler, annonce une voix à la radio.

— C'est encore ce gars, Richard Gauthier, dis-je en étendant de la colle sur le pouce droit de Karine et en le recouvrant d'un ongle.

— ...tout le monde va bientôt les connaître! affirme Richard Gauthier. Notre vidéo rock nous mènera au premier rang du palmarès.

— ...et vous rendre célèbres, aussi! Vous n'avez qu'à surveiller nos indices et être les premiers à téléphoner au 1-800-R-O-C-K-E-R-S pour nous dire le lieu du tournage de notre vidéo! C'est facile, non?

— On peut essayer! s'exclame Stéphanie.

— À l'achat de notre disque, vous obtiendrez gratuitement une affiche de notre groupe, poursuit Richard Gauthier. Écoutez Télé-Musique pour en savoir plus sur nos indices.

— Ce serait formidable de faire partie du vidéo! Je porterais ma jupe en denim, mon grand coton ouaté et de grosses boucles d'oreille, déclare Stéphanie.

Je me laisse emballer, moi aussi. Tout le monde pourra nous voir si le vidéo passe à Télé-Musique.

— Et tous mes amis de la ville me verront aussi! dit Stéphanie.

Karine secoue la tête.

— C'est soit un endroit que tout le monde connaît comme la patinoire ou le centre commercial, soit un endroit auquel personne ne pensera jamais. Je me demande quel air ça aurait peint en rose vif, lance-t-elle en étudiant ses longs ongles rouges.

— En rose vif? s'écrie Stéphanie, horrifiée. Franchement, Karine!

Je termine le sac de croustilles et vide mon verre de limonade.

— Quelqu'un a-t-il encore soif?

— Non, merci Liliane, répond Patricia.

— Pas pour l'instant, ajoute Stéphanie en tendant ses doigts aux longs ongles rouges. J'ai l'impression d'être Sue Ellen dans Dallas.

— Tu ressembles plutôt à la reine des vampires, affirme Karine. Je pense encore qu'ils seraient mieux en rose.

— La prochaine chanson est dédiée à Thomas S. De Marie-Bernadette G., avec tout son amour, annonce le disc-jockey.

— C'est trop facile, dit Karine. Tout le monde les connaît.

Thomas Samuel est un des meilleurs joueurs de baseball de la région et Marie-Bernadette est sa petite amie.

— Je vais courir en bas remplir mon verre, dis-je. Je reviens tout de suite.

En un rien de temps, je suis dans la cuisine, je me verse un verre de limonade et je replace le pot dans le réfrigérateur. C'est alors que mon regard se pose sur la mousse couverte de papier d'aluminium. Je soulève le papier et regarde. Elle est toujours un peu plus élevée d'un côté. Je me dis que personne ne remarquera si j'en prends encore une toute petite cuillerée. Je plonge ma cuillère dans le bol et la porte à ma bouche. Un vrai délice! Je resserre soigneusement le papier d'aluminium autour du bol et je me précipite à l'étage.

J'arrive juste pour entendre le disc-jockey annoncer :

— À Michel P. de C. S.

— Michel P., Michel P., ne puis-je m'empêcher de murmurer en pensant naturellement aux jeunes du secondaire.

— Ce doit être Michel Pouliot, s'écrie Stéphanie.

Michel Pouliot est le garçon que Stéphanie aime bien à notre école.

— C'est impossible, fait remarquer Karine. Les élèves de cinquième année, participer à cette émission? s'étonne-t-elle en secouant la tête.

— Mais je suis certaine qu'il s'agit de Michel Pouliot, insiste Stéphanie.

— Et qui serait C. S.? Patricia.

Elle n'est pas arrivée depuis assez longtemps pour connaître tous les élèves de l'école.

— C. S., Christine Saulnier? dis-je. Christine est dans la classe de Michel.

— Elle aime Martin Hubert depuis la deuxième année. Et si c'était Chantale Samson?

— Elle n'a probablement jamais entendu parlé de ce poste de radio, affirme Patricia. Chantale n'écoute que de la musique classique. C'est elle-même qui me l'a dit la semaine dernière.

— Je vais à la cuisine, annonce Stéphanie en sautant sur ses pieds quand la musique commence. Je veux un verre d'eau.

— Christiane Souci, dis-je à Karine.

— Elle écrit son nom avec un K, répond Karine.

Lorsque Stéphanie revient, on éteint la radio, mais on essaie encore de deviner le nom de la personne mystérieuse.

— Oh! s'exclame Stéphanie en plissant les yeux. Je crois savoir qui c'est...

— Qui? lui demandons-nous toutes en même temps.

— Ce doit être Catherine Santerre, lance Stéphanie. Je l'ai vue se tenir avec Michel et quelques autres garçons à l'heure du dîner, cette semaine.

— Je n'aurais jamais pensé à elle, avoue Karine. L'an dernier, dès qu'elle voyait un garçon, elle courait comme un lièvre effrayé. Ou comme une souris.

— L'as-tu bien regardée cette année? s'enquiert Stéphanie en fronçant son nez.

— Elle paraît beaucoup plus vieille, dis-je. On lui donnerait au moins douze ans!

— Catherine Santerre, répète Karine en secouant la tête. Je n'arrive pas à y croire.

— Mais Karine, dis-je, elle avait du fard à paupières, hier. D'accord, il était rose pâle, mais tout de même...

— Ce n'est pas parce qu'elle aime Michel que ça veut dire que Michel l'aime, affirme Patricia à Stéphanie pour la réconforter.

— C'est vrai, appuie Karine. Et il y a toujours Louis.

Louis Meilleur est un autre garçon que Stéphanie aime bien et il est dans notre classe.

— Je trouve que tu avais raison au sujet de Louis, Karine, remarque Stéphanie. Il a les oreilles beaucoup trop décollées.

— Tu blagues! lance Karine un peu surprise.

Stéphanie et elle avaient discuté des oreilles de Louis pendant toute une année.

Le regard de Stéphanie s'attarde sur le miroir suspendu à la porte d'armoire.

— Et que pensez-vous d'une frange? demande-t-elle en tenant ses cheveux foncés et frisés devant son front.

Catherine vient juste de se faire couper les cheveux et, maintenant, elle a une frange.

— Ou je pourrais penser à un plus grand changement. Michel aime peut-être les filles aux cheveux courts.

— Je trouve que tes cheveux sont très beaux comme ça, affirme Patricia. Je suis certaine que Michel te remarquera; ce n'est qu'une question de temps.

— Si je fais partie du vidéo des Rockers, il me remarquera vraiment, soupire Stéphanie. Nous devons surveiller les indices.

Je retourne à la cuisine grignoter encore un petit quelque chose. Stéphanie y va, elle aussi. Même Patricia ne peut s'empêcher d'y aller. Vers une heure du matin, Karine annonce qu'elle va faire du maïs soufflé au micro-ondes, mais elle revient presque immédiatement.

— Très bien, les filles! lance-t-elle durement. Qui a fait ça?

— Qui a fait quoi? demandons-nous.

— Qui a mangé la mousse? gronde-t-elle.

Chapitre 2

La mousse? «Je n'en ai pris qu'un tout petit peu sur le côté le plus élevé», me dis-je. Mais soudain, je ne me sens pas à l'aise et j'admets ma gourmandise.

— Euh... j'en ai pris quelques bouchées.

— J'en ai pris une cuillerée ou deux, moi aussi, reconnaît Stéphanie qui est derrière moi.

— Euh... moi aussi, avoue Patricia en devenant rouge comme une tomate.

Karine appuie ses longs ongles rouges les uns contre les autres.

— Et moi aussi, confesse-t-elle. Maintenant, nous avons un gros problème.

— Qu'est-ce que tu veux dire?

— Il y a un immense trou d'un côté de la mousse, répond Karine.

— C'est simple, on va égaliser la mousse, conclut Stéphanie.

— L'égaliser? marmonne karine. C'est un trou immense!

— Et si on faisait une autre mousse, suggère

rapidement Patricia.

Il nous arrive parfois de cuisiner pendant nos petites réunions, les fins de semaine. Mais ce sont des plats comme des sandwichs au fromage grillés, ou des farfadets. Jamais de la mousse au chocolat!

— Juste comme ça? demande Karine en secouant la tête. Les mousses ne sont pas les desserts les plus faciles à réussir. Ça a pris toute la matinée à maman pour faire celle-la.

— Il nous reste presque toute la nuit, dis-je.

— Allons voir ce qu'on peut faire, propose Stéphanie.

Nous nous glissons de nouveau toutes les quatre dans la cuisine. Karine sort le bol de cristal du réfrigérateur et retire le papier d'aluminium qui le couvre. Elle a raison en ce qui concerne le trou. Et si on égalise, il ne restera que trois centimètres environ de mousse au fond du bol.

— Hum, fait Stéphanie. Je suppose que ta mère va s'en rendre compte.

— C'est évident, confirme Karine. Il devrait y avoir suffisamment de mousse dans ce bol pour huit personnes.

— Sais-tu quel livre de cuisine ta mère a utilisé? demande Patricia en regardant les titres des livres sur l'étagère, près de la cuisinière.

— Le dernier, s'écrie Karine. Desserts de fête.

Patricia trouve une recette intitulée Mousse délicieuse au chocolat et commence à la lire à voix basse.

— Il nous faut six oeufs, déclare-t-elle, 225 g de

chocolat sucré, de la crème épaisse et du sucre.

— Tu vois? lance Stéphanie à Karine. Il faut juste quatre ingrédients. Ça ne peut pas être si difficile à faire.

— Ah! soupire Karine. Alors je pense que c'est notre dernière chance, admet-elle.

— Il faut faire fondre le chocolat, pour commencer, informe Patricia.

Madame Beaulieu avait justement acheté 450 g de chocolat, et elle n'en avait utilisé que la moitié. Nous déposons l'autre moitié dans une casserole que nous faisons chauffer. En peu de temps, on obtient un joli liquide brun foncé. Tout à fait simple! Karine appuie sur le bouton pour éteindre le feu.

— Maintenant, il faut séparer les oeufs, nous dit Patricia.

— Qu'est-ce que ça veut dire? demande Stéphanie.

— Ça veut dire que tu mets les jaunes dans un bol et les blancs dans un autre bol. J'ai regardé ma mère le faire.

— Bien, fait Karine en me tendant une boîte d'oeufs. Tu peux nous montrer comment faire.

— Enlève tes faux ongles avant, conseille Patricia.

Je tire dessus et les empile sur le comptoir. Lorsque maman sépare les oeufs, ça a l'air si facile; elle fend la coquille sur le bord du bol et l'ouvre juste assez pour faire glisser le blanc. Puis elle fait passer plusieurs fois le jaune d'une demi-coquille à l'autre. Tout le blanc doit se détacher du jaune et tomber dans le bol. Ensuite, on verse le jaune dans un autre bol.

Mais quand vient le temps de faire la même chose, ce

n'est plus pareil. Lorsque je cogne mon premier oeuf contre le bol, je brise le jaune.

— Je suis désolée. J'ai dû le cogner trop fort!

Nous le jetons.

Je cogne un deuxième oeuf. Le jaune se déchire sur le bord de la coquille et coule dans le blanc. Nous le jetons aussi.

Au troisième oeuf, je n'arrive qu'à ramasser la moitié du blanc dans le bol. Le reste glisse sur le comptoir. Donc nous avons la moitié d'un blanc et un jaune.

— Si ça continue, nous allons manquer d'oeufs, prévient Karine.

— Laisse-moi essayer, insiste Stéphanie en enlevant ses ongles en acrylique.

Lorsqu'elle cogne l'oeuf contre le bord du bol, la coquille se casse très nettement. Une seconde après, l'oeuf est très bien séparé. Et elle réussit à séparer les six oeufs sans aucun problème.

— Tu devrais devenir cuisinière plus tard! s'exclame Patricia avec admiration.

— Tu veux rire, réplique Stéphanie. Plus tard, j'aurai mon cuisinier.

— Ça sent le brûlé, lance Karine.

— Le chocolat! s'écrie Patricia en se précipitant vers la casserole.

Karine a tourné le mauvais bouton de la cuisinière. Le chocolat liquide s'est transformé en une masse brun foncé et très dure.

— Ça règle le problème, dit Karine tristement. Il ne reste plus de chocolat.

— Et ça? dis-je en pointant un pot en verre rempli de

petits chocolats.

— Ça pourrait marcher... réfléchit Karine.

J'affirme que la mousse pourrait même en être meilleure.

Mais nous ne sommes pas encore au bout de nos peines. Avez-vous déjà essayé de faire cuire des jaunes d'oeufs sans qu'il y ait de grumeaux? Ce n'est pas facile. On remue encore et encore pour finir par jeter tous les jaunes d'oeufs parce qu'ils ne sont pas suffisamment lisses.

— Quelle heure est-il? demande Stéphanie en séparant six autres oeufs.

— Deux heures et demie, répond Patricia en étouffant un bâillement.

— Je pense que nous n'aurons pas d'omelettes au déjeuner, dis-je tristement.

Même Patricia me lance un coup d'oeil.

Nous recommençons au tout début.

Stéphanie finit par résoudre le problème des grumeaux en passant les jaunes d'oeufs cuits à travers une passoire.

— Et maintenant, pour les blancs, s'informe Karine en regardant dans le bol. Il sont tellement visqueux.

Patricia vérifie la recette.

— Il faut un batteur électrique pour cette étape. On fait mieux de fermer la porte. Cet appareil fait beaucoup de bruit.

— Oh, merci! s'exclame Stéphanie. Je ne sens plus mon bras à force de battre les jaunes.

Karine enfonce le batteur dans le bol qui contient les blancs et le fait fonctionner. Tout d'abord, des bulles se forment, puis les blancs se transforment en mousse et finissent par ressembler à de la crème à raser.

— Tu ne penses pas que le bol est trop petit? s'inquiète Patricia.

— Tous les plats sont sales! s'exclame Karine en fouettant toujours les blancs d'oeufs qui montent de plus en plus.

— Tu ferais mieux d'arrêter, prévient Stéphanie. Ça déborde...

Karine sort le batteur du bol sans l'éteindre auparavant. La mousse blanche gicle partout dans la pièce. Il y en a sur les murs, sur les rideaux au-dessus de l'évier, sur le devant des armoires. Même Patricia se retrouve avec une belle corne blanche sur le front.

Vers quatre heures du matin, nous mélangeons le chocolat, la crème, les jaunes d'oeufs et les blancs, et nous versons cette mousse dans le bol de cristal, par-dessus l'autre mousse.

— Ça paraît bien, dit Patricia.

— Ta mère ne s'en rendra jamais compte, affirme Stéphanie à Karine.

— Et le goût n'est pas mauvais, dis-je en léchant la cuillère.

— Ne commence pas, Liliane, prévient Karine.

— Je ne faisais que goûter.

— C'est une mousse deux tons, lance Patricia.

Karine nous envoie dehors, Patricia et moi, pour chercher des violettes. Il y en a un grand carré sous les pins.

— On peut utiliser les anciennes, mais il y en a trois de brisées. On va en tremper des nouvelles dans le sucre et espérer qu'elles seront bien.

Karine nous tend une lampe de poche. Elle nous prévient de ne pas l'allumer tant que nous ne serons pas derrière le garage, des fois que ses parents décident de regarder leur jardin à quatre heures du matin.

Il fait très noir à cette heure de la nuit. Patricia et moi traversons la cour avec précaution en essayant de ne pas faire de bruit. C'est alors que j'aperçois quelque chose d'anormal. Je me penche vers Patricia pour lui parler tout bas.

— Regarde! Il y a de la lumière dans la maison abandonnée!

La cour de cette maison donne sur la cour de chez Karine et sur notre cour, aussi.

— Je ne me souviens pas que cette maison ait été habitée. Il y a quelqu'un qui tond le gazon de temps en temps et elle a été repeinte l'an dernier. Mais je n'ai encore jamais vu de lumière allumée au beau milieu de la nuit.

Nous regardons la maison et oublions de surveiller où nous mettons les pieds. Patricia fonce dans la grosse poubelle en métal qui vacille. Le couvercle tombe dans l'allée avec un bruit d'enfer.

— Oh, non! soupire Patricia.

— Peut-être que personne n'a entendu, dis-je.

Nous nous cachons derrière le garage en retenant notre souffle, remplies d'espoir. Mais Mélissa, la petite soeur de Karine, a les plus fines oreilles en ville.

— Qui est dehors? crie-t-elle par la fenêtre.

La lumière de la maison abandonnée s'éteint et celle de la chambre des parents de Karine s'allume.

— Karine? demande madame Beaulieu.

Je sais que nous sommes perdues.

Patricia et moi rentrons à la cuisine en courant, mais madame Beaulieu nous devance.

— Oh, non! s'exclame-t-elle. Quel dégât!

— Oh, oh! fait Mélissa qui arrive derrière elle.

Les coquilles d'oeufs sont restées sur le comptoir et la casserole remplie de chocolat brûlé, sur la cuisinière. Il y a du jaune d'oeuf qui commence à sécher un peu partout, du blanc d'oeuf sur les murs, de la vaisselle sale qui déborde de l'évier, qui s'empile sur le réfrigérateur et sur le plancher.

— On va tout nettoyer, s'empresse d'affirmer Stéphanie, les deux mains plongées dans l'eau savonneuse.

— Va te recoucher, maman, insiste Karine en essuyant la vaisselle. Lorsque tu viendras déjeuner, la cuisine reluira de propreté. Il ne restera plus aucune trace de notre passage.

— Mais qu'est-ce que vous cuisinez en plein milieu de la nuit, demande soudain madame Beaulieu. Est-ce que l'une d'entre vous s'est blessée? ajoute-t-elle en nous regardant chacune notre tour. Karine, il y a du sang sur ton bras!

Karine avait dû s'appuyer contre le comptoir et une série d'ongles rouges sont collés à son chandail. Elle n'a pas le temps d'ouvrir la bouche que madame Beaulieu appelle son mari.

— Viens vite! s'écrie-t-elle. Karine s'est blessée!

Monsieur Beaulieu arrive au pas de course, sa trousse de médecin à la main.

Le temps d'expliquer les ongles en acrylique, le désordre et la mousse et il est presque cinq heures du matin. Mélissa est ravie d'avoir gâché notre soirée, mais les parents de Karine sont vraiment fâchés quand ils regagnent leur chambre.

— Quand je vais redescendre, je veux que cette cuisine soit si propre que je serai persuadée d'avoir fait un cauchemar, prévient madame Beaulieu avant de disparaître.

Lorsque tout redevient calme, je rappelle à Karine qu'il n'y a pas de violettes.

— Oublie les violettes. On a une tonne de nettoyage à faire. Je ne pense pas que ma mère apprécie beaucoup notre mousse de toute façon.

Deux heures et deux énormes piles de vaisselle plus tard, sans oublier les deux lavages de plancher, la cuisine n'est pas trop mal. Nous nous écroulons toutes sur la table de la cuisine.

— J'imagine qu'il est trop tard pour aller au lit, grommelle Stéphanie.

— Ou trop tôt, corrige Karine. Vous voulez déjeuner? On peut encore faire des oeufs brouillés...

— NON! nous écrions-nous en choeur.

Je ne veux plus jamais voir un autre oeuf ou un morceau de chocolat ou un pétale de violette!

Chapitre 3

Nous sommes si fatiguées le samedi matin que j'en oublie la maison abandonnée pendant un certain temps. Lorsque je rentre à la maison, je m'effondre sur mon lit et je dors plusieurs heures.

Pendant le repas, cette histoire de maison me revient à la mémoire et j'en discute avec mes parents.

— J'ai vu de la lumière dans la maison abandonnée la nuit dernière. Est-ce que quelqu'un l'habite, maintenant?

— Pas que je sache, répond maman en secouant la tête et en regardant mon père.

— Les peintres ont peut-être oublié d'éteindre, suppose papa.

Je lui fais remarquer que les peintres dont il parle sont venus il y a des mois et qu'ils n'ont repeint que l'extérieur de la maison, pas l'intérieur.

— Et pendant que je regardais dans cette direction, la lumière s'est éteinte.

— Vraiment! s'exclame maman, surprise. Et quelle heure était-il?

— Oh!...je dirais quatre heures du matin.

— Liliane! s'écrie maman. Ce n'est pas étonnant que tu aies l'air si fatiguée.

— Es-tu certaine que vous vous réunissez entre amies pour passer une soirée agréable et dormir les unes chez les autres? s'inquiète Jérôme. On pourrait vous appeler les «sans sommeil»... vous n'avez pas l'air de dormir beaucoup.

Je l'ignore et je demande à mes parents s'ils pensent que quelqu'un puisse être entré par effraction dans cette maison.

— Ce n'est pas impossible, répond mon père. Je vais en parler à l'agent de police.

— Et moi, je vais faire ma petite enquête aussi, ajoute maman. Je suis certaine qu'il y a une explication à cela, Liliane.

Plus tard dans l'après-midi, Stéphanie me demande d'aller faire un tour de bicyclette avec elle.

— D'accord, dis-je. Y a-t-il un endroit en particulier où tu aimerais aller?

— Très drôle! lance-t-elle. Je pensais simplement que nous pourrions aller au centre commercial. Appelle Karine, je m'occupe de Patricia. On se rencontre chez moi à quatorze heures trente.

Il faut passer devant chez Michel Pouliot pour aller au centre commercial. La rue est jolie et habituellement tranquille. Mais cet après-midi, par contre, dès que nous tournons le coin de la rue, nous entendons un véritable vacarme.

— Allez... Vas-y. Vise bien! crie quelqu'un.

— Raté! crie quelqu'un d'autre.

Un bruit de bâton qui frappe une balle retentit.

C'est une partie de baseball, j'en suis certaine. Je suis très sportive et le baseball est un des sports que je préfère. Mon frère Jérôme m'a appris à lancer et à attraper la balle dès l'âge de cinq ans.

— Je l'ai... Je l'ai...

— Non, il l'a échappée... Cours! crie un garçon.

— J'avais le soleil dans les yeux! grogne un autre.

— Ils jouent dans le terrain vague, remarque Stéphanie en freinant pour voir de plus près les joueurs. Je vois Michel!

Michel est effectivement là, mais il y a aussi Marc Fournier et Alexandre Langevin qui sont tous deux dans notre classe, Martin Hubert et Frédéric Brisson, des élèves d'une autre cinquième année, quelques jeunes de quatrième année et même quelques-uns de troisième année.

— Hé, Liliane, viens jouer avec nous; Hugues est nul! lance Frédéric en nous voyant.

Frédéric était dans la même classe que Stéphanie et moi, l'an dernier. Il est en quatrième année et ne se gêne pas pour attaquer ouvertement son cousin, Hughes.

— Alors, Patricia est dans notre équipe, déclare Marc.

Patricia est encore plus grande que moi. Elle est habituellement un peu gauche, mais lorsqu'elle ne pense pas trop à elle, elle est super. Elle court très vite et frappe très bien.

— Karine aussi, lance Martin.

Karine et lui sont de bons amis parce qu'ils étaient

assis l'un à côté de l'autre en quatrième année.

Je demande à Karine et à Stéphanie si elles veulent jouer.

— J'ai bien assez de mes trois séances de gymnastique par semaine à l'école, répond Karine en secouant la tête.

Karine n'est pas vraiment sportive et, surtout, elle déteste se salir. À n'importe quel autre moment, Stéphanie se serait rangée du côté de Karine. Elle n'aime pas se salir plus qu'elle et, ce jour-là, elle porte un nouveau chandail mauve, blanc et noir. Mais elle semble prête à tolérer la transpiration et la saleté pour passer quelques minutes auprès de son beau Michel Pouliot.

— Jouons, déclare-t-elle. Juste une minute. S'il te plaît, Karine?

— Bon, ça va, répond Karine en roulant des yeux.

Nous appuyons nos bicyclettes contre un arbre. Hugues me lance le gant de baseball.

— Hugues, tu joues au troisième but, prévient Frédéric qui lance la balle. Pierre peut jouer comme voltigeur.

Dans l'équipe, il y a cinq joueurs en plus de Frédéric: Alexandre Langevin, Jules, le petit frère de Marc, Martin et Pierre qui avait laissé filer la balle juste quand on arrivait.

Stéphanie déclare qu'elle est dans l'équipe de Marc puisque Michel Pouliot fait partie de cette équipe.

— C'est impossible, prévient Marc. Avec Patricia et Karine, nous sommes sept. Frédéric n'a que six joueurs avec Patricia.

— Tu peux aller au champ avec Pierre, dit Frédéric à Stéphanie. Il y a un autre gant quelque part.

— Au jeu! lance Marc.

Son équipe est au bâton et il est déjà au deuxième but.

Je me penche derrière le marbre. Frédéric est un excellent lanceur. Il élimine sans difficulté André, un élève de troisième année. Martin prend ensuite le bâton. Au deuxième lancer, il frappe un roulant entre le premier et le deuxième but. Pierre attrape la balle cette fois-ci et la lance au premier but, éliminant Martin. Mais Marc atteint le troisième but. Il se prépare à courir au marbre.

C'est au tour de Michel d'être au bâton. Michel est petit et costaud. Lorsqu'il frappe une balle, il ne manque pas son coup.

— Recule! crie Frédéric au voltigeur de son équipe.

À deux reprise, Michel est incapable de frapper la balle. Mais la troisième fois, le bâton la projette vers le champ gauche, en direction de Stéphanie.

Michel laisse tomber le bâton et court au premier but. La balle monte de plus en plus. Stéphanie la fixe dans le ciel et se déplace juste en dessous quand elle retombe. Mais la balle lui glisse des mains.

— Oh, non! s'exclame Frédéric.

Marc est déjà revenu au marbre. Michel se dirige vers le troisième but.

— Lance-la! crie Hugues à Stéphanie.

Stéphanie essaie de saisir la balle qui roule au sol. Lorsqu'elle l'attrape enfin, elle s'empresse de la lancer et manque tout à fait Hugues.

31

Pourtant, s'il y a bien quelque chose que Stéphanie sait faire, c'est d'atteindre sa cible lorsqu'elle lance.

— Merveilleux! gronde Frédéric tandis que Michel saute de joie sur le marbre. Pourquoi faut-il qu'elle soit dans mon équipe?

C'est au tour de Karine de frapper la balle. Elle est un peu myope et n'aime pas porter ses lunettes. Mais l'équipe de Marc mène par deux points.

— Bien joué! marmonne Frédéric à Stéphanie qui s'approche.

— Désolée, répond-elle sans avoir l'air de l'être.

Je lui demande à voix basse si elle l'a fait exprès.

— Oh, Liliane! s'écrie-t-elle comme si je l'avais insultée.

Peu de temps après, Hugues et Alexandre doivent rentrer chez eux.

La mère de Hugues arrive en voiture et se penche à la portière.

— Hugues, crie-t-elle, tu m'avais promis de nettoyer le garage avant le souper.

— Oui, maman...

— Et Alexandre, ta mère te demande aussi, ajoute la mère de Hugues.

— On ferait mieux de partir, déclare Karine en regardant sa montre. Il est presque dix-sept heures.

— D'accord, la partie est finie, annonce Frédéric d'un air triste.

Stéphanie fronce les sourcils en voyant Michel sourire à Patricia. Mais elle les fronce davantage en voyant quelqu'un traverser la rue à bicyclette : Catherine Santerre.

— Salut, Marc, Christian, Michel.

— Bonjour, répond Michel.

Catherine porte un ensemble en coton ouaté dans des teintes de mauve, de blanc et de noir. Tout semble neuf.

Stéphanie affiche une mine renfrognée en jetant un coup d'oeil à l'énorme tache sur son chandail.

— Salut, Catherine! lance Karine d'un ton plein de sous-entendus, puisque Catherine ne semble pas vouloir nous parler.

— Oh! bonjour, fait-elle en regardant à peine de notre côté.

Michel, peux-tu regarder la chaîne de ma bicyclette? Je pense qu'elle n'est pas assez tendue. Et je ne sais pas comment l'arranger.

— Elle est vraiment incroyable, tempête Stéphanie alors que nous nous dirigeons vers nos bicyclettes.

— Et toi? fait remarquer Karine. Tu as envoyé la balle à l'autre bout juste pour permettre à Michel de marquer un point.

— Ce n'est pas vrai!

— Je t'ai vue, affirme Karine.

— Tu n'avais pas tes lunettes et j'étais à l'autre bout, se défend Stéphanie.

— Nous t'avons toutes vue. Habituellement, tu lances beaucoup mieux, Stéphanie.

J'acquiesce d'un signe de tête. Karine a raison, bien entendu.

— J'avais le soleil dans les yeux, insiste Stéphanie.

Mais je lui fais remarquer qu'elle avait le soleil dans le dos à ce moment-là.

— Et quelle différence ça fait? lance-t-elle avec humeur. Regardez Michel!

Michel s'est agenouillé près de la bicyclette de Catherine pour régler la chaîne. Catherine est si près de lui que leurs têtes se touchent presque.

Frédéric, Martin et d'autres garçons leur font un signe de la main lorsqu'elles s'éloignent, mais Michel ne remarque même pas leur départ.

— Il l'aime vraiment! soupire Stéphanie quand nous avons regagné la route. Je n'en reviens pas!

— Catherine est une nouille, déclare Karine. Et si Michel l'aime, il est aussi nouille qu'elle.

— Je pense qu'il veut juste se montrer serviable, Stéphanie, dit Patricia de sa voix douce. Michel est très gentil.

Il est trop tard pour aller au centre commercial. En rentrant, nous passons devant la maison abandonnée. Je confie à mes amies ce que j'ai vu dans cette maison, la veille.

— Mais, Liliane, me dit Karine, cette maison n'a pas été habitée depuis des années.

— Il y avait de la lumière à l'étage, je vous l'assure. Patricia l'a vue elle aussi quand on a voulu cueillir des violettes.

— Ce sont probablement les peintres qui ont oublié de l'éteindre, souligne Karine.

— Alors, pourquoi s'est-elle éteinte pendant que je la regardais? Patricia l'a vue, tout comme moi.

— Je ne l'ai pas vu s'éteindre, avoue Patricia. Ça s'est passé quand je me suis cognée contre la poubelle.

— Tu sais, raconte Stéphanie, j'ai lu un livre sur les fantômes et les revenants. La plupart des esprits préfèrent vivre dans des endroits privés. Je veux dire des lieux où personne n'habite. La maison abandonnée est peut-être hantée...

— Tu commences à ressembler à Liliane, fait Karine en roulant des yeux.

Personne ne fait objection quand je leur propose de mener une petite enquête. Nous arrêtons nos bicyclettes devant la maison et la regardons attentivement. L'extérieur a bien été repeint, mais plusieurs fenêtres sont fermées avec des planches. Il manque des bardeaux sur les murs et une branche morte est suspendue au toit. Le soleil commence à se coucher et fait briller les carreaux.

Tu as probablement vu le reflet d'un lampadaire sur une vitre, ou quelque chose du genre, me dit Karine.

— Je sais ce que tu penses, lui dis-je. Tu penses que je me laisse aller à mon imagination, encore une fois. Mais il n'y a pas de lampadaire dans le jardin. Et je sais ce que j'ai vu. Je vais surveiller cet endroit.

— C'est un peu effrayant, déclare Patricia en frissonnant.

— Je suis gelée, prévient Stéphanie.

Il est vrai qu'il fait froid à l'ombre des grands arbres et de cette maison.

— Qu'est-ce que je peux bien faire pour que Michel me remarque? demande Stéphanie avant que nous repartions.

— Je suis certaine que tu vas trouver une solution, conclut Karine.

Chapitre 4

Il faut peu de temps à Stéphanie pour trouver une solution à son problème.

— C'est parfait! s'écrie-t-elle en déposant son plateau sur notre table, à la cafétéria de l'école.

On est mercredi, la journée des saucisses, mais je suis certaine qu'elle ne parle pas de ça. Je lui demande donc une explication.

— La pièce de théâtre des élèves de cinquième année, répond Stéphanie. Si je décroche un rôle, Michel sera obligé de me remarquer!

Chaque année, les quatre classes de cinquième année de l'école montent une pièce de théâtre. Juste avant l'heure du dîner, madame Mélançon, notre professeure, avait annoncé que les élèves de cinquième année joueraient *La dame en bleu,* une pièce qui a plus de cent ans.

— Plus de cent ans? s'étaient exclamés les élèves.

— Nous ne pouvons pas jouer quelque chose d'un peu plus contemporain? avait demandé Suzanne Mondoux.

— Une imitation d'un chanteur rock, avait suggéré Alexandre Langevin.

— Vous aurez beaucoup de plaisir à préparer la présentation de *La dame en bleu*, avait répondu madame Langevin, ignorant les oppositions. C'est un mélodrame. Il y a beaucoup d'action, une héroïne sotte qui est trop bonne pour que ça soit vrai et un héros qui est trop honnête, lui aussi. Il essaie de sauver l'héroïne d'un horrible scélérat...

— Hé, hé, hé! avait lancé Marc en faisant semblant de tourner entre ses doigts l'extrémité d'une moustache imaginaire.

— C'est tout à fait ça, Marc, avait dit madame Mélançon en souriant. Il y a même une dame en bleu fantomatique. J'ai des copies de plusieurs scènes, avait-elle précisé en distribuant les textes. Regardez-les. Si un des rôles vous intéresse, inscrivez votre nom sur la liste affichée au babillard, au bout du couloir. Les auditions auront lieu la semaine prochaine.

Stéphanie s'assied toujours en avant de la classe, dans la première rangée. Dès qu'elle avait reçu sa copie, elle avait commencé à la lire.

— Je ne peux rien imaginer de pire, m'avait avoué Karine.

Nous sommes assises l'une à côté de l'autre dans la deuxième rangée. Je suis d'accord avec elle. Juste l'idée de monter sur scène me donne mal au ventre.

— Silence, s'il vous plaît, avait demandé madame Mélançon.

J'ai tout lieu de croire qu'elle avait surpris notre conversation puisqu'elle avait expliqué qu'il y avait d'autres façons de participer à ce spectacle : il y avait les décors à faire, les costumes, l'éclairage, le maquillage ou encore seconder le directeur théâtral, monsieur Cloutier, qui est, en fait, notre professeur de musique.

— Il y a une autre liste au babillard pour ceux qui s'intéressent davantage à la production. Nous aurons besoin de toute l'aide que nous pourrons trouver, je peux vous en assurer, avait ajouté madame Mélançon avant de nous permettre d'aller dîner.

À notre table, Karine pique une fève avec chacune des dents de sa fourchette.

— Mais comment sais-tu que tu vas obtenir un rôle? demande-t-elle à Stéphanie.

— J'ai toujours été choisie lorsque je me suis inscrite pour jouer un rôle. J'en ai joué plusieurs lorsque je demeurais en ville.

— Tu n'as jamais eu le trac? lui demande Patricia.

— Tu veux rire, s'écrie Stéphanie en secouant la tête. Plus il y a de monde, mieux c'est. J'ai une idée, lance-t-elle soudain. Inscrivons toutes nos noms pour l'audition. Ce serait bien que chacune d'entre nous ait un rôle dans la pièce.

— Pas moi, s'empresse de dire Karine. Je préfère être l'assistante de monsieur Cloutier. Ce sera une bonne expérience pour moi.

Karine veut devenir réalisatrice de cinéma plus tard.

Je me défile à mon tour en affirmant qu'à la simple vue du public, j'oublierai tout.

— Et toi, Patricia, tu vas passer l'audition? demande Stéphanie d'un ton cajoleur.

— Je suis certaine d'être des plus mauvaises, répond Patricia, mal à l'aise.

— Allons, ça ne peut te faire que du bien, insiste Stéphanie. Ça va t'aider à surmonter ta timidité, tu ne crois pas?

— Bien... fait Patricia ne sachant que répondre.

— Elle n'y tient pas du tout, Stéphanie, fait remarquer Karine.

— Tu peux toujours signer, Patricia, propose Stéphanie. Nous nous exercerons à notre prochaine réunion entre amies. Si tu ne veux toujours pas essayer, tu n'auras qu'à rayer ton nom de la liste.

— Bon, d'accord, finit par dire Patricia.

— Formidable! s'exclame Stéphanie. Tu vas adorer ça!

Le vendredi, nous nous réunissons chez Patricia. Son père nous invite à souper à la pizzeria. Karine et moi nous rendons chez notre amie à bicyclette à dix-sept heures trente.

Avant que l'on ait le temps de frapper à la porte, Patricia et Stéphanie se précipitent sur le balcon.

— Je suis vraiment désolée, commence Patricia dans un souffle, comme pour s'excuser. Si j'avais su qu'il allait être là, j'aurais annulé la soirée.

Je lui demande de préciser de qui elle parle au juste.

— De Loïc, répond Stéphanie à voix basse. C'est le cousin de Patricia.

— Et alors? demande Karine en portant la main à la poignée de la porte.

— Tu verras, réplique Stéphanie vaguement.

Les lumières du salon sont éteintes. Nous nous

40

dirigeons vers l'escalier quand deux ombres sortent d'en arrière du divan en hurlant.

Karine et moi sursautons et nous mettons à crier.

Un enfant surgit devant nous et envoie des coups de pieds juste devant nos nez.

— Loïc! s'exclame Stéphanie.

— Et Étienne, soupire Patricia en allumant.

Étienne est le jeune frère de Patricia.

— Ha! fait de nouveau Loïc en tranchant l'air avec ses mains plusieurs fois de suite.

Il est plus petit que Karine et très mince. Il a des dents proéminentes et des cheveux semblables à de la paille qui se dressent sur sa tête. Un mouchoir blanc est noué autour de son front.

— Je vous ai fait peur, hein? demande-t-il.

Étienne pousse un hurlement pour imiter son cousin.

Madame Jasmin arrive juste à cet instant.

— Les garçons, n'ennuyez pas les filles, s'il vous plaît. Bonjour, Liliane et Karine. Le père de Patricia va arriver d'un instant à l'autre, précise-t-elle.

Les deux parents de Patricia sont professeurs d'histoire.

Patricia conduit ses amies dans sa chambre.

— Ces deux dernières heures, nous avons eu droit à l'incroyable Hulk, aux cow-boys, aux indiens... Loïc regarde trop la télévision.

— Quel âge a-t-il? demande Karine.

— Huit ans et demi, répond Patricia.

— Tu veux dire que Mélissa va être comme ça l'an prochain? s'inquiète Karine. Ça va être fantastique!

Tout cela n'explique pas qui est Loïc et ce qu'il fait

chez Patricia.

— Il demeure en ville, explique Patricia. Mon oncle devait aller en Floride pour affaires et ma tante a décidé de l'accompagner. Et nous, nous sommes pris avec Loïc toute la fin de semaine.

— Merveilleux... s'exclame Karine.

Nous découvrons à quel point c'est merveilleux à la pizzeria.

Nous sommes tous attablés au fond du restaurant. Le père de Patricia, son petit frère et Loïc sont d'un côté de la table et nous, les filles, sommes de l'autre côté. La mère de Patricia ne nous a pas accompagnés parce qu'elle avait une réunion à l'université. Après avoir passé notre commande, le père de Patricia nous accompagne, nous, les filles, au bar à salades.

— Nous sommes au restaurant. Je compte sur vous, les gars, pour bien vous conduire, prévient le père de Patricia avant de s'éloigner de la table.

— Oui, mon oncle! répond Loïc en faisant un salut militaire.

Le bar à salades est à l'avant du restaurant et plusieurs personnes font la file. Lorsque nous retournons à notre table, la pizza et les boissons gazeuses sont déjà arrivées et les garçons se sont servis généreusement.

— C'est bon? leur demande le père de Patricia.

— Super! s'écrient-ils ensemble en souriant de toutes leurs dents.

Patricia et Karine arrosent leur salade d'huile et de vinaigre.

— La pizza a l'air appétissante! s'exclame Stéphanie.

Je m'empresse d'acquiescer. Nous nous dépêchons d'en prendre une pointe et de mordre dedans à pleines dents.

C'est comme si la pizza avait été trempée dans de la sauce chili. Nous avons la bouche en feu. Nous saisissons nos boissons gazeuses et prenons une grande gorgée.

Beurk! le soda est tellement graisseux que j'ai de la difficulté à avaler.

Loïc et Étienne commencent à rire sous cape.

Des larmes me montent aux yeux. Patricia me tend son verre.

— Tiens, bois! me dit-elle.

Avant d'en prendre une gorgée, je regarde le verre à la lumière. Une grosse bulle d'huile flotte à la surface du liquide sombre. C'est de l'huile d'olive. J'ai l'impression que je vais être malade.

— Il y a du piment rouge en flocons partout sur la pizza, explique Karine en examinant sa pointe de près.

Patricia montre alors la bouteille de piment rouge qui est presque vide.

Loïc et Étienne s'écroulent de rire.

Chapitre 5

— Excusez-vous auprès de Liliane et de Stéphanie, immédiatement! gronde monsieur Jasmin.

— Je suis désolé, Liliane. Et Stéphanie aussi, s'empresse de dire Étienne qui, habituellement, est un enfant charmant.

— Et toi, Loïc? demande monsieur Jasmin.

— Ben... mon oncle... c'est juste une blague, pleurniche Loïc.

Monsieur Jasmin fixe son neveu.

— Nous attendons!

— Bon, je suis désolé, marmonne Loïc, le nez dans son assiette.

— Maintenant, vous allez vous asseoir dans la voiture, tous les deux, ordonne monsieur Jasmin.

Loïc et Étienne doivent attendre que nous ayons passé une autre commande et que nous ayons terminé notre repas. En arrivant à la maison, le père de Patricia les envoie directement dans la chambre d'Étienne.

— On ne peut pas regarder la télévision? demande Loïc. Il doit y avoir un film de monstres.

— Pas de télévision! gronde monsieur Jasmin. Je veux que vous vous couchiez et que la lumière soit éteinte dans dix minutes.

Les garçons grimpent les marches de mauvais gré, monsieur Jasmin sur les talons.

— Le dîner a été horrible! Vous ne me pardonnerez jamais! dit Patricia d'une voix anxieuse.

— Le dîner était parfait. Loïc a été horrible! rectifie Karine.

— Il est parti se coucher. Il ne nous ennuiera plus, lui dis-je.

— Nous retournons chez nous demain matin, précise Stéphanie à Patricia. C'est toi qui es à plaindre. Il te reste encore deux jours à le supporter.

Je l'avertis de bien faire attention à ce qu'elle mange. J'ai encore la bouche en feu. Je n'oublierai probablement jamais le goût d'un soda huileux et d'une pizza aux piments forts.

Nous nous installons toutes devant la télévision. Stéphanie s'amuse avec les canaux.

— Hé, regardez... Richard Gauthier, des Rockers.

— Je suis certain que vous avez tous vu notre premier indice, dit la voix. Mais pour ceux qui par hazard ne l'auraient pas vu, le voilà de nouveau.

Nous apercevons à l'écran une pièce peinte en blanc avec des gros pois noirs et mauves.

— Des pois noirs et mauves! s'exclame Stéphanie. Ça doit être beau avec un mobilier rouge vif. Ou ma jupe en jean et mon grand coton ouaté... Michel ne pourra pas faire autrement que de me remarquer.

À l'écran, la pièce semble complètement vide.

— On dirait que c'est mon ancien appartement!
s'exclame Patricia.

Je lui demande ce qui lui fait dire ça.

— Les moulures autour des fenêtres et celles du plafond, aussi.

— Ils ont spécifié que c'était quelque part ici, rappelle Karine. Il n'y a pas de vieux appartements, mais plusieurs maisons d'un certain âge ont ce genre de moulures. Je n'ai pas l'impression qu'ils veulent que les gens gagnent. C'est juste une histoire de publicité, tout ça.

La voix de Richard Gauthier se fait de nouveau entendre. Il précise qu'un autre indice sera bientôt dévoilé.

— Si tous les indices ressemblent à celui-ci, marmonne Stéphanie en soupirant, je ne suis pas prête de devenir vedette! Il faudra que j'impressionne Michel lorsque je jouerai la pièce à l'école. Allons répéter, Patricia, propose-t-elle en éteignant la télévision. Karine et Liliane pourront lire quelques répliques pour nous aider. D'accord?

— Où veux-tu que l'on répète? demande Stéphanie à Patricia.

— Euh... je ne sais pas... répond Patricia.

Elle semble tellement effrayée lorsqu'elle entend simplement le mot «répéter» que je n'arrive pas à me l'imaginer en train de passer l'audition. Je lui demande si elle est certaine de vouloir jouer un rôle.

— Bien sûr qu'elle le veut, s'empresse de répondre Stéphanie à sa place. Ça va être drôlement amusant, pas vrai, Patricia? On devrait peut-être répéter dans le grenier.

Le grenier est immense. Nous y sommes déjà montées pour danser et nous pouvons y faire autant de bruit que nous le voulons sans déranger les parents de Patricia.

— C'est une excellente idée! s'exclame Karine. As-tu décidé quel rôle tu voulais jouer, Stéphanie.

— Celui de Laure, répond Stéphanie.

Laure est le personnage principal dans *La dame en bleu*. Laure a été promise en mariage à un scélérat qu'elle n'aime pas. Elle est amoureuse du bel Alexis, un professeur d'art sans le sou.

— Et Patricia? dis-je.

— Stéphanie pense que je devrais jouer le rôle de Sarah, répond Patricia.

Sarah est la cousine de Laure. Elle n'est pas riche et il ne lui arrive pas grand-chose dans la pièce. Mais d'un autre côté, elle a peu de texte à réciter.

À l'étage, la porte de la chambre d'Étienne est légèrement entrouverte, mais la lumière est éteinte et les garçons ne font aucun bruit.

— Attendez... il nous faut nos textes, rappelle Stéphanie.

Nous retournons dans la chambre. Patricia sort sa copie de son tiroir. Karine et moi avons plié nos textes et les avons rangés dans nos sacs à dos. Stéphanie ouvre la fermeture éclair de son fourre-tout et y plonge la main pour trouver son texte. Soudain, elle hurle à pleins poumons.

— Qu'est-ce qu'il y a? s'écrie Karine.

Patricia, Karine et moi regardons Stéphanie reculer

tellement vite qu'elle renverse la lampe au passage.

— Il y a... Il y a... quelque chose de poilu dans mon sac! s'écrie-t-elle. Et ça bouge!

Patricia et moi nous nous reculons, mais Karine s'approche du sac et, d'un doigt, soulève le coin du rabat.

— C'est un rat! crie-t-elle.

— Un rat! nous écrions-nous à notre tour.

Nous grimpons sur le lit de Patricia. Karine saute sur une chaise.

Un museau rose apparaît. Nous crions de plus belle en nous agrippant l'une à l'autre au milieu du lit.

Le museau rose pointe en notre direction et frétille une seconde. Il est vite suivi de deux billes noires et de petites oreilles rondes et roses.

— C'est un rat! murmure Stéphanie.

— Qu'est-ce qui se passe? s'inquiète monsieur Jasmin qui lit dans sa chambre.

Nous sommes incapables d'ouvrir la bouche. Nous restons là, figées, à surveiller le rat qui se glisse en dehors du sac de Stéphanie et saute sur le plancher. Il est brun foncé avec des pattes et une queue roses. L'animal s'arrête un instant pour humer l'air, puis il traverse le tapis et se dirige vers le lit.

— Il va peut-être grimper sur le couvre-lit! s'écrie Stéphanie.

Le rat n'en a pas la chance. Monsieur Jasmin arrive sur le pas de la porte et le rat se réfugie sous le lit sur lequel nous sommes.

— Papa, s'écrie Patricia. Il y a un énorme rat sous mon lit! réussit à articuler avec peine Patricia.

— Un rat? s'étonne son père.

— Il était dans mon sac. Je l'ai touché! affirme Stéphanie en frémissant.

Monsieur Jasmin se penche et regarde sous le lit.

— Je le vois, il est tout tassé contre le mur. Un bon coup de balai devrait régler ce problème, dit-il beaucoup plus fort en se relevant. Restez où vous êtes, les filles, le temps de descendre chercher le balai et je reviens.

— Non! s'écrie Loïc en se précipitant dans la chambre de Patricia. Tu ne chasseras pas mon rat avec un vieux balai!

Chapitre 6

— Ton rat! C'est bien ce que je croyais, aussi! lance monsieur Jasmin. Loïc, comment ton rat est-il arrivé dans le sac de Stéphanie?

— Je l'ai amené dans ma valise parce que je ne voulais pas qu'il reste seul toute la fin de semaine, répond Loïc. Il n'y a rien de grave!

— Il n'y a rien grave! crie Patricia.

Je ne l'ai encore jamais vue aussi en colère. Elle bondit en travers du lit en brandissant ses poings, prête à écraser le nez de Loïc.

— Attends, Patricia, lui dit son père. Je m'en charge.

— Papa, il a fait rater ma soirée avec mes amies! crie Patricia.

— Super! s'écrie Stéphanie. Souviens-toi de cette colère quand tu joueras ton rôle.

Monsieur Jasmin, surpris, regarde Stéphanie un court instant, puis saisit Loïc par le bras et l'oblige à sortir de la chambre.

— Mon rat! proteste Loïc.

— Dépêche-toi! dit monsieur Jasmin d'un ton sec.

Loïc se couche sur le plancher, la tête sous le lit de Patricia, et appelle son rat.

— Je l'ai! s'exclame-t-il d'une voix étouffée.

Stéphanie, Patricia et moi reculons à l'autre bout du lit quand Loïc se relève en tenant son rat par la peau du cou. Loïc avance son rat vers nous d'un geste menaçant.

— Ça suffit, Loïc! prévient monsieur Jasmin. Continue ainsi et tu seras privé de télévision jusqu'à ce que tes parents reviennent. Emporte ton rat dans ta chambre et arrange-toi pour qu'il y reste. Je ne veux plus vous voir de la soirée, ni toi, ni ton rat.

Loïc attend que son oncle tourne le dos pour nous tirer la langue et, avant de disparaître avec son rat sur l'épaule, il nous lance :

— Idiotes de filles!

Patricia, Stéphanie et moi descendons du lit. Karine saute en bas de sa chaise.

— Loïc ne vous embêtera plus ce soir, promet monsieur Jasmin.

Une minute plus tard, la mère de Patricia rentre de sa réunion.

— Je suis épuisée! s'exclame-t-elle. Je vais me coucher immédiatement. Il y a de la crème glacée au congélateur et des biscuits au chocolat sur la table. Ne vous couchez pas trop tard.

— Non, maman, promet Patricia.

Nous ramassons nos textes et nous dirigeons vers le grenier. Dans la chambre d'Étienne, tout est silencieux.

— J'espère qu'ils dorment, chuchote Patricia.

— Moi, j'espère que le rat dort, ajoute Stéphanie.

L'escalier qui mène au grenier est derrière une porte qui donne sur le couloir, juste en face de la chambre de Loïc. Les marches sont hautes et étroites. Patricia et moi devons nous pencher légèrement pour les gravir. On arrive ensuite dans une vaste pièce qui fait toute la superficie de la maison, avec un plafond en pente et des poutres qui s'entrecroisent. Patricia allume la lumière. Il y a des petites fenêtres rondes, semblables à des hublots de bateaux.

— On ferait mieux de se mettre au travail, commande Stéphanie. Prenons la scène 2, celle où Laure et Sarah attendent qu'Alexis leur donne leur cours de dessin. Je joue le rôle de Laure et Patricia, celui de Sarah.

— Et moi, je supervise. Donc, Liliane peut faire Alexis, déclare Karine.

Je la remercie de son attention.

— Laure doit dessiner le portrait de Sarah. Patricia, tu vas servir de modèle pour ce dessin. Tiens-toi près du mur et aie l'air un peu intéressée. Stéphanie, assieds-toi sur ce tabouret et fais semblant de dessiner.

Patricia et Stéphanie prennent leur place.

— Sarah, vas-y, lance Karine.

Pas un mot ne se fait entendre.

— Sarah? Patricia? Lis la première ligne, lui indique Karine.

Patricia reste figée, incapable de prononcer un seul mot.

— Patricia! s'exclame Stéphanie.

Patricia s'éclaircit la voix. Elle baisse les yeux sur son texte et réussit avec peine à lire la première phrase d'une voix hésitante et très basse.

Stéphanie lui donne la réplique d'une voix forte et claire.

Nous attendons de nouveau que Patricia enchaîne, mais Stéphanie doit la rappeler à l'ordre.

Patricia lit en faisant des poses à tous les mots si bien qu'il est difficile de dire où commencent et où se terminent les phrases.

Je fais remarquer à Karine que s'il n'y a pas une énorme amélioration très bientôt, l'audition que passera Patricia sera des plus pénibles.

Karine me fait signe qu'elle est de mon avis.

— C'est mieux, Patricia, dit-elle pour l'encourager.

Le dialogue se poursuit tant bien que mal entre Laure et Sarah.

Après quelques répliques, Karine me fait signe d'enchaîner.

— Quelle charmante scène! dis-je d'une voix profonde.

— On croirait que c'est le Père Noël qui parle! s'exclame Karine.

— Tu veux que je joue le rôle d'Alexis ou non?

— Oh! je suis désolée. Vas-y, continue.

La répétition se poursuit, mais ça ne s'améliore pas, loin de là. Finalement, ne pouvant plus tenir, je suggère que l'on s'arrête un peu et que l'on déguste la crème glacée et les biscuits que nous a apportés madame Jasmin.

— Excellente idée, s'empresse d'acquiescer Patricia. Allons à la cuisine.

Elle est la première à descendre l'escalier et lorsque nous arrivons en bas, nous remarquons que la porte est fermée.

— Je ne me souviens pas de l'avoir fermée, fait Karine. Et c'était moi la dernière.

Patricia cherche la poignée et essaie d'ouvrir la porte.

— Je pense qu'elle est coincée, souffle-t-elle. Ah! ce sont des vieilles portes... peux-tu m'aider, Liliane?

Je tourne la poignée tandis que Patricia pousse contre la porte de toutes ses forces. Rien ne bouge.

— Laisse-moi essayer, ordonne Karine.

Elle se faufile devant nous et se penche vers la poignée tout en la secouant.

— Vous savez ce que je pense, dit-elle en se redressant. Je pense que Loïc nous a encore joué un tour. Il nous a enfermées à clé.

— Ce n'est pas vrai, soupire Stéphanie. Laisse-moi essayer.

Elle secoue la poignée à son tour sans plus de succès.

— On est enfermées ici, déclare-t-elle.

— Cet espèce d'insecte! vocifère Patricia. Je vais l'assommer!

— On doit d'abord sortir d'ici. Si on criait et cognait contre la porte? suggère Karine.

— La porte est très épaisse et la chambre de mes parents est tout au fond du couloir. En plus, ils ferment leur porte, explique Patricia avec amertume.

Donc, si je résume, les seules personnes qui sont susceptibles de nous entendre sont Loïc et Étienne.

— Et Loïc ne nous ouvrira pas la porte et il laissera encore moins Étienne le faire, affirme Stéphanie.

Nous donnons des coups de pieds dans la porte et hurlons jusqu'à avoir mal aux pieds et ne plus être capables de crier.

— C'est horrible, se désole Patricia. Ce doit être la pire soirée entre amies que vous ayez jamais passée. On va rester ici toute la nuit et on n'a rien à grignoter ni à boire...

— Et il commence à faire frais, remarque Stéphanie en se frottant les bras.

— Et il n'y a pas de chauffage! pleurniche Patricia.

Je fais remarquer que l'on peut toujours sortir par une fenêtre.

— Du troisième étage? demande Stéphanie en frémissant. Ça va la tête, Liliane?

— N'y a-t-il pas un énorme marronnier tout près de la maison? dis-je.

— Oui, sur le côté, précise Patricia en montrant une fenêtre.

Je l'ouvre et regarde dehors.

— C'est ma soirée et mon foutu cousin, s'écrie Patricia. C'est donc moi qui vais descendre et je passerai par la fenêtre de la cuisine. Je vais vous sortir d'ici dans le temps de le dire.

— Et on tombera toutes sur le dos de Loïc, s'écrie Stéphanie.

— Attends un peu, Patricia, il fait vraiment noir, prévient Karine. Si tu glissais?

— J'ai grimpé dans cet arbre plusieurs fois, la tranquillise Patricia. Je pourrais le faire les yeux bandés.

Patricia est peut-être timide, mais elle est loin d'être une poule mouillée.

Tandis que nous la retenons par le bras, Patricia

trouve une prise et s'élance dans le noir.

— Patricia, sois prudente.

— Va doucement.

— Tu vas bien?

— Ne vous inquiétez pas, répond Patricia du milieu de l'arbre. Il y a tellement de branches que c'est aussi facile que si je descendais une échelle.

Il fait tellement noir que nous ne pouvons rien voir du tout. On peut entendre Patricia descendre lentement, puis plus rien. Je me penche à la fenêtre et je l'appelle doucement.

— Je suis arrivée, dit-elle. Je vais vous ouvrir.

J'ai à peine passé ma tête par la fenêtre qu'une sirène se met à hurler tellement fort que nous devons crier pour nous entendre.

— Sommes-nous près d'un poste de pompiers? crie Karine.

— Quoi? répond Stéphanie en criant à son tour. Tu penses que la maison est en feu? Je sors par cette fenêtre!

Karine et moi la tirons en arrière.

— Je ne crois pas que c'est la sirène du poste de pompiers, leur dis-je.

— On dirait que ça vient de la maison, remarque Karine.

— Quelle est cette lumière? crie Stéphanie en montrant un point au dehors.

Par une des fenêtres du grenier, on peut voir une lumière s'allumer et s'éteindre comme un stroboscope.

— Une voiture de police! s'exclame Karine.

La voiture tourne dans l'allée de la maison et

s'arrête. Deux policiers sortent à toute vitesse. La sirène s'éteint aussi vite qu'elle avait commencé.

— Pourquoi les policiers sont-ils ici? s'inquiète Stéphanie. Il est peut-être arrivé quelque chose à Patricia.

Mon regard croise celui de Karine, puis nous nous précipitons avec Stéphanie au bas de l'escalier et tambourinons de toutes nos forces à la porte. On entend un léger cliquetis de l'autre côté et soudain, nous sommes libres! On a juste le temps d'apercevoir Loïc de dos, se précipiter dans la chambre d'Étienne et claquer la porte derrière lui.

— On s'en occupera plus tard, déclare Karine.

Nous nous précipitons au premier. Toutes les lumières sont allumées. Des voix parviennent de la cuisine. Nous arrivons à la porte juste à temps pour entendre monsieur Jasmin expliquer aux policiers qu'il ne comprend pas ce qui a pu déclencher le système d'alarme.

Le policier fait remarquer qu'il ne comprend pas, lui, pourquoi une jeune fille de dix ans passait par la fenêtre en plein milieu de la nuit.

— Patricia, voudrais-tu nous l'expliquer? demande monsieur Jasmin durement.

— Je reçois quelques amies, ce soir, explique doucement Patricia. Nous nous exercions pour une pièce de théâtre au grenier, quand mon stupide cousin nous a enfermées. Personne ne nous a entendues crier à l'aide et on ne voulait pas rester là toute la nuit. Alors, je suis passée par la fenêtre.

— Tu as fait quoi? s'exclame madame Jasmin.

Patricia, tu aurais pu te blesser!

— J'ai escaladé ce vieil arbre bien des fois, maman, mais quand je suis entrée par la fenêtre de la cuisine, le système d'alarme s'est déclenché.

— Nous passions dans le coin et nous sommes venus immédiatement, explique le policier. On pensait que c'était des voleurs. Où se trouve l'interrupteur pour éteindre cette sirène?

Madame Jasmin guide le policier à l'étage.

Je n'avais jamais remarqué les interrupteurs placés au bas d'un mur, et le mot ALARME en rouge, juste au-dessus. Et ils étaient très près de la porte de la chambre d'Étienne.

— Tu sais ce que je penses, me murmure Karine. Je pense...

— Que Loïc a encore frappé! dit Patricia à son père.

Chapitre 7

— Patricia, finalement, ça a été la fin de semaine la plus excitante qu'on ait jamais passée, avoue Karine. On s'est presque fait assommer par un coup de karaté dans ton salon. Liliane et Stéphanie ont dégusté de la pizza au piment et savouré une boisson à l'huile d'olive... On est restées enfermées dans le grenier...

Je lui rappelle aussi le rat.

— C'est vrai! On s'est fait attaquer par un rat géant. Tu as risqué ta vie en passant par la fenêtre du troisième, et tu as déclenché l'alarme...

— Et les policiers sont arrivés et ils ont failli t'arrêter! termine Stéphanie.

— Bien entendu, précise Karine, cela ne veut pas dire que nous aimerions que Loïc soit là toutes les fins de semaine.

Nous éclatons toutes de rire. Les policiers sont partis et les parents de Patricia sont retournés se coucher. Mais nous sommes beaucoup trop énervées pour nous endormir et nous tournons en rond au salon. Je propose que l'on déguste un peu de crème glacée.

Patricia s'empresse de sortir le contenant du congélateur. Elle sert aussi les biscuits au chocolat et des boissons à chacune d'entre nous. Stéphanie allume la télévision. Peu de temps après, Richard Gauthier apparaît à l'écran.

— Hé, les gars et les filles, ça fait toute une semaine que nous avons dévoilé le premier indice et personne n'a encore réussi à deviner où aurait lieu notre vidéo. Nous avons donc décidé de passer au deuxième indice. Vous êtes prêts?

Nous voyons de nouveau la pièce aux pois noirs et mauves, mais cette fois-ci, Richard Gauthier et d'autres gars sont penchés à une fenêtre. Il fait nuit. On peut voir le trottoir, quelques buissons ronds et une rue bordée d'arbres. À mesure que la caméra se déplace, un brouillard gris s'élève au bas de l'image.

— Connaissez-vous un endroit semblable? demande Patricia.

— On peut dire que presque toutes les rues ressemblent à ça, répond Stéphanie d'un ton de dégoût. Karine a raison. C'est juste un truc publicitaire. Ils ne veulent pas vraiment que les gens devinent la réponse. Michel Pouliot devra se contenter de me voir sur scène, à l'école, poursuit-elle en se levant. Allons répéter encore un peu.

— Je pense que nous en avons assez pour ce soir, lance Karine d'un ton ferme.

Patricia semble soulagée. Mais Stéphanie l'oblige à répéter le lendemain après-midi, le dimanche et le lundi aussi.

L'audition pour *La dame en bleu* est le mercredi

après-midi, après l'école. Presque tous les élèves de cinquième année sont rassemblés au gymnase, même les professeurs y sont. Madame Gilbert, notre professeure d'art, aidée de quelques élèves, esquisse la scène : fenêtres, rideaux, bibliothèque. Nous devons les peindre, en essayant de ne pas dépasser.

— Commençons! lance monsieur Cloutier.

Tous les yeux se tournent vers lui.

— Nous avons besoin d'une Laure, d'une Sarah et d'un Alexis, explique-t-il. Julie Côté, Johanne Sylvestre et Robert Dupuis, voulez-vous prendre place sur l'estrade?

Suzanne Mondoux, une fille d'une autre cinquième année, partage le même pot de peinture verte que moi.

— Robert, jouer le rôle d'Alexis, marmonne-t-elle. C'est le gars le plus stupide de l'école, je crois.

Robert joue très mal et Julie Côté n'est guère meilleure dans le personnage de Laure. Elle gesticule beaucoup et crie dès qu'elle ouvre la bouche. Karine est assise à côté de monsieur Cloutier, dans la première rangée juste devant l'estrade. Elle se tourne vers moi lorsque Julie lance une réplique et roule des yeux.

Johanne Sylvestre tient bien son rôle, mais les deux autres sont tellement mauvais qu'elle se perd dans tout ça.

— Horrible! s'exclame Suzanne. Au moins, moi je sais que je ne suis pas actrice.

— Merci Robert et Julie. Merci, Johanne, dit monsieur Cloutier. Essayons une autre scène avec une autre Laure et monsieur Monty. Euh... Sandrine Chalifoux et Marc Fournier.

— Vas-y Marc, crie Frédéric Brisson de l'autre bout de la salle.

Marc joue bien. Lorsqu'il tourne sa moustache imaginaire et déclare : «La date de notre mariage approche», avant de se pencher pour embrasser la main de Laure, les spectateurs applaudissent. Mais Sandrine est trop timide pour jouer le rôle de Laure. Stéphanie n'aura pas beaucoup de concurrence.

Je jette un coup d'oeil dans le gymnase et remarque Catherine Santerre qui répète avec Martin Hubert et un autre garçon. Je m'attendais à ce qu'elle suive Michel à la trace, mais ce dernier ne semble pas être là. Stéphanie et Patricia sont ensemble, tout près de la scène. Stéphanie n'arrête pas de se pencher vers Patricia et de lui murmurer des choses à l'oreille. Probablement des conseils pour l'audition. Elles n'attendent pas longtemps; elles sont les suivantes.

— Nous allons reprendre la scène de Laure et d'Alexis de nouveau, annonce monsieur Cloutier. Cette fois-ci, Stéphanie Gagnon jouera le rôle de Laure, Patricia Jasmin, celui de Sarah et... Michel Pouliot, celui d'Alexis.

Je ne savais pas que Michel Pouliot avait signé la liste pour faire partie de la pièce. Stéphanie non plus, d'ailleurs. Elle semble voler sur l'estrade jusqu'à ce qu'elle entende le nom de Michel. Elle s'arrête net et fixe monsieur Cloutier. Patricia qui est juste derrière elle lui fonce dedans, ce qui déclenche plusieurs rires.

— Michel? Est-ce que Michel est ici? demande monsieur Cloutier.

— Oui, monsieur. Je suis désolé d'être en retard,

's'écrie Michel qui vient juste de se glisser dans le gymnase.

— Prenez vos places, s'il vous plaît, poursuit monsieur Cloutier.

Du coin de l'oeil, je vois Catherine Santerre qui s'approche de l'estrade. Stéphanie a l'air d'une somnambule lorsqu'elle traverse la scène et va s'asseoir sur un tabouret. Patricia lui fait un signe de tête et lui sourit pour l'encourager.

— Nous t'écoutons, Sarah, dit monsieur Cloutier.

Patricia tient son texte à la main, mais Stéphanie a si souvent répété son rôle qu'elle le connaît par coeur.

— Avez-vous bientôt terminé, ma chère? déclame Patricia d'un seul trait, sans bafouiller.

Toute sa timidité s'estompe, car elle ne pense pas à elle, mais à cette pauvre Stéphanie.

Stéphanie reste figée sur place. Elle ne peut détacher son regard de Michel qui attend de faire son entrée sur scène.

— Stéphanie? rappelle monsieur Cloutier.

Stéphanie a tellement répété son rôle qu'elle n'a pas cru nécessaire d'apporter son texte avec elle, mais voilà qu'elle a un trou de mémoire. Elle ne se rappelle plus rien.

Monsieur Cloutier lui souffle les premiers mots que Stéphanie répète machinalement, sans y mettre aucune expression.

— Je pensais que Stéphanie serait super, me confie Suzanne Mondoux.

Je lui affirme qu'habituellement, elle est super.

— Karine, s'il te plaît, veux-tu donner une copie du

texte à Stéphanie! soupire monsieur Cloutier.

Mais cela n'aide en rien. Stéphanie ne semble pas réussir à se reprendre. Sa voix se met à trembloter dès que Michel fait son apparition sur scène, et on l'entend à peine.

— J'aimerais recommencer la même scène, intervient monsieur Cloutier, mais cette fois-ci Patricia jouera le rôle de Laure et Stéphanie, celui de Sarah.

— Je... je ne me sens pas très bien, lâche Stéphanie juste avant de s'élancer en bas de l'estrade et de sortir précipitamment du gymnase.

Je me lance à sa poursuite en criant à Suzanne Mondoux que je reviens dans un instant.

Stéphanie se dirige vers sa bicyclette lorsque je la rattrape. Elle est au bord des larmes.

— Je n'ai jamais eu le trac avant. Mais quand j'ai vu Michel, j'ai tout oublié. J'ai vraiment dû lui faire bonne impression, hein?

J'essaie de la réconforter en lui affirmant que ce n'était pas si mal.

— C'était horrible! lance-t-elle en essayant de sourire. Pauvre Patricia. Je l'ai obligée à répéter encore et encore, et tout ça pour rien. À demain, ajoute-t-elle en enfourchant sa bicyclette.

Lorsque je retourne au gymnase, trois autres jeunes sont sur l'estrade.

— Patricia a été super dans le rôle de Laure, me rapporte Suzanne Mondoux. Est-ce que Michel Pouliot est amoureux d'elle?

Pas que je sache... je lui demande pourquoi elle me pose une telle question.

— Il n'a pas cessé de la regarder et de lui sourire, raconte Suzanne. Et il n'avait pas l'air de jouer un rôle.

Chapitre 8

Le lendemain matin, Stéphanie s'est ressaisie. Nous allons toutes les quatre à l'école ensemble, comme d'habitude. Stéphanie ne parle pas de l'audition, sauf pour s'excuser auprès de Patricia pour l'avoir obligée à donner son nom et à répéter.

Aucun incident ne se passe au dîner non plus. Michel Pouliot, Frédéric et d'autres garçons s'installent à l'autre bout de la cafétéria. Mais l'après-midi, madame Mélançon a quelque chose à nous annoncer avant de nous laisser partir.

— Les professeurs de cinquième année et monsieur Cloutier ont discuté des auditions qui se sont déroulées au gymnase, hier, commence-t-elle. Et nous avons décidé qui seraient les acteurs pour *La dame en bleue*. Deux élèves de la classe ont été choisis, poursuit-elle avec un grand sourire. Le méchant monsieur Monty sera joué par... Marc Fournier.

Toute la classe applaudit et Marc se lève pour saluer. Lorsqu'il se rassied, madame Mélançon poursuit :

— Nous avons aussi dans cette classe l'élève qui

jouera le rôle de Laure...

Je jette un rapide coup d'oeil autour de la classe. Qui cela peut-il bien être? Sûrement pas Julie Côté!

— ...Patricia Jasmin! lance madame Mélançon.

Stéphanie se retourne d'un bloc sur sa chaise et dévisage Patricia, bouche bée. Patricia rougit jusqu'aux oreilles pendant que toute la classe l'applaudit.

— Fantastique! me murmure Karine.

— Les autres élèves qui ont été choisis, termine madame Mélançon sont Barbara Poulain dans le rôle de Sarah, Christine Saulnier dans le rôle de Marguerite, la servante et Michel Pouliot dans le rôle d'Alexis...

Je suis certaine qu'aucune d'entre nous n'écoute ce qui suit après ça. Quand la cloche sonne enfin, nous nous regroupons tout ahuries. Michel Pouliot est dans le couloir, tout près de la porte de notre classe. Lorsqu'il aperçoit Patricia, son visage s'illumine.

— Hé, Patricia! lance-t-il. Félicitations! J'ai pensé que l'on pourrait peut-être répéter ensemble, si tu ne dois pas rentrer chez toi tout de suite.

Stéphanie le dépasse sans même jeter un coup d'oeil dans sa direction.

— Stéphanie, attend! lance Karine.

Mais Stéphanie est déjà sur sa bicyclette et s'éloigne en pédalant avec vigueur.

Je lui téléphone en soirée pour lui rappeler que, le lendemain, on doit toutes se retrouver chez moi pour notre petite réunion de fin de semaine.

— Est-ce que Patricia y va? me demande-t-elle après un moment.

Je lui confirme qu'elle sera là, sauf exception.

— Alors je n'irai pas, lance Stéphanie avant de me raccrocher au nez.

— C'est ridicule! s'exclame Patricia quand je lui raconte ce qui est arrivé. J'ai passé l'audition juste parce que Stéphanie m'a suppliée d'y aller. Je n'ai jamais voulu jouer dans cette pièce et je ne tiens pas davantage à y jouer maintenant. De plus, Michel est très gentil, mais je ne l'aime pas. Il est bien trop petit!

Je lui réponds que nous savons toutes cela, mais que Stéphanie est beaucoup trop en colère en ce moment pour qu'on puisse lui faire entendre raison.

Le lendemain matin, Stéphanie ne vient pas à l'école avec nous, et Patricia non plus. Plus tard, nous découvrons que Stéphanie avait pris l'autobus pour ne pas voir Patricia et que Patricia avait demandé à sa mère de la raccompagner en voiture pour ne pas déranger Stéphanie. Tandis que Karine et moi pédalons toutes les deux côte à côte, je lui demande si elle pense que c'est la fin de notre amitié et de nos petites réunions de fin de semaine. Karine m'affirme que Stéphanie va se calmer, mais je n'en suis pas certaine.

À l'heure du dîner, Stéphanie nous jette un regard noir et va s'asseoir avec Julie Côté, sachant très bien que je ne peux pas supporter cette fille. Après l'école, Stéphanie s'en va sans même nous laisser le temps de lui dire au revoir.

Le soir, lorsque Karine et Patricia viennent chez moi, nous sommes toutes découragées.

— Et si je lui disais que je ne jouerai pas dans la

pièce, suggère Patricia.

— Les professeurs seraient vraiment embêtés, répond Karine. De toute façon, ça ne changera pas le fait que c'est toi qui a été choisie pour ce rôle.

— Ou que Michel Pouliot t'aime, dis-je.

Nous sommes assises devant la télévision.

— Jérôme va chercher des mets chinois, annonce maman en passant sa tête dans l'entrebâillement de la porte. Est-ce que vous aimeriez qu'il vous rapporte quelque chose de spécial?

Nous secouons toutes la tête en signe de négation.

— Je n'ai pas vraiment faim, dis-je.

— Liliane n'a pas faim! s'exclame mon frère. Est-elle malade?

Je lui tire la langue.

— Où est Stéphanie? poursuit-il en regardant dans le salon.

— Ne pose pas de questions, lance maman en le poussant vers la sortie.

— Si on dédiait une chanson à Stéphanie, ce soir, à l'émission de radio, suggère Patricia. Une chanson sur l'amitié ou le fait qu'on est désolées...

Je lui explique que ça peut être embêtant. Tous les enfants qui écoutent l'émission sauront que nous nous sommes disputées et pourquoi.

— Pourquoi ne l'appelons-nous pas? demande Karine.

— Elle ne voudra probablement pas nous parler, lui dis-je.

Je me dirige tout de même vers le téléphone et compose son numéro.

72

Madame Gagnon me répond que Stéphanie n'a pas envie de me parler pour l'instant et me demande de rappeler le lendemain.

Nous suivons vaguement l'émission de télévision en essayant de trouver ce que nous allons faire; à ce moment, Richard Gauthier apparaît à l'écran.

— Le temps s'écoule, lance-t-il en se passant la main dans les cheveux. En deux semaines, personne n'a deviné où se tournerait notre vidéo. Ne voulez-vous pas devenir célèbres?

— Ferme ça, s'écrie Karine. Montons à l'étage.

Nous essayons de jouer à plusieurs jeux sans succès. Patricia suggère que nous allions nous coucher.

— À dix-neuf heures? dis-je.

Karine nous raconte une histoire de fantômes. Mes parents sont dans leur chambre et Jérôme est sorti avec des amis. La maison est tout ce qu'il y a de plus silencieux. Karine arrive à un point crucial de son histoire lorsqu'un bruit bizarre se fait entendre. Je n'en parle pas de peur que Karine me réponde qu'il s'agit encore de mon imagination. Mais elle l'entend elle aussi.

— Écoutez, s'écrie-t-elle soudain. Qu'est-ce que c'est?

C'est une sorte de roulement, un bruit qui donne le frisson.

— On dirait que ça vient de l'arrière de la maison, poursuit-elle.

Nous nous dirigeons sur la pointe des pieds vers la chambre d'ami et ouvrons la fenêtre. Le bruit est toujours là.

— Est-ce que ça peut être Bulldozer? me demande Karine à voix basse.

Bulldozer, c'est le chien de Jérôme. Il tient beaucoup du terre-neuve et pèse plus de soixante kilos. Lorsqu'il se dresse sur ses pattes de derrière, il mesure plus d'un mètre et, bien qu'il soit plus vieux que moi, il croit qu'il est encore un chiot.

— Bulldozer est enfermé dans le garage, dis-je.

— Regardez, s'écrie Patricia en pointant un doigt tremblant en direction de la maison abandonnée.

— Tu as raison, Patricia, confirme Karine. Il y a de la lumière.

Je leur fais remarquer que le son semble provenir de cette maison.

— Je suis certaine qu'il y a une explication à tout cela, lance Karine. Je vais faire ma petite enquête.

— Attends, dis-je. On devrait peut-être en parler à mon père.

Mais Karine dégringole déjà l'escalier. Je lui emboîte le pas et nous nous retrouvons bien vite dehors. Nous restons immobiles un court instant. Le roulement est beaucoup plus fort.

— On devrait peut-être prendre une lampe de poche, suggère Patricia d'une voix tremblante.

— Non, c'est trop risqué, on va se faire voir, murmure Karine.

Je décide de prendre Bulldozer avec moi.

Le chien est tellement content de sortir du garage qu'il me fait presque tomber. Il se jette ensuite sur Karine et lèche le visage de Patricia.

— Tu dois le calmer, Liliane, me chuchote Karine.

Je saisis Bulldozer par le cou et me penche au-dessus de lui. Karine ouvre la marche. Patricia, Bulldozer et moi la suivons de près. Nous nous glissons le long de la maison et nous arrêtons sous les fenêtres éclairées. Le roulement a fait place à un bruit beaucoup plus faible et rythmé.

— J'aimerais pouvoir voir à l'intérieur, chuchote Karine.

— Je pense qu'on devrait prévenir les policiers, ne crois-tu pas, Liliane? demande Patricia.

Soudain, Bulldozer s'échappe.

— Attrape-le! s'écrie Karine en essayant de lui barrer le chemin.

Trop tard. Bulldozer contourne la maison avant que nous puissions l'arrêter. Il y a un grand bruit, puis quelqu'un qui crie au secours.

Nous nous précipitons à l'avant de la maison pour voir Bulldozer dressé sur ses pattes arrière, les pattes avant appuyées sur la poitrine d'un homme.

— À l'aide! supplie l'homme en essayant de reprendre son souffle tandis que le chien lui passe affectueusement sa langue râpeuse sur la figure.

La lumière du lampadaire éclaire le visage de l'homme et ses cheveux blonds très courts, dressés sur sa tête.

— Richard Gauthier! nous écrions-nous toutes les trois.

Au même moment, je reconnais certains éléments montrés lors de la projection des indices à la télévision.

— C'est là que les Rockers vont tourner leur vidéo! dis-je.

— Voudriez-vous retenir cet animal? supplie Richard Gauthier.

Très tôt le lendemain matin, nous appelons Stéphanie.

— Madame Gagnon, c'es Liliane à l'appareil. Voudriez-vous dire à Stéphanie que nous allons toutes faire partie du vidéo? Elle saura ce que ça veut dire.

Soudain, après quelques instants, j'entends un cri de joie.

Je souris et lève le pouce en direction de Patricia et de Karine pour leur signifier que tout va bien.

— Liliane, tu as deviné l'endroit du vidéo? demande Stéphanie.

Je lui raconte que le vidéo se tournera dans la maison abandonnée qui, en fait, appartient au cousin de Richard Gauthier.

— Et nous en ferons toutes partie?

— Les inséparables et les Rockers!

— Ne bougez pas, lance Stéphanie. J'arrive tout de suite. On doit répéter...

Chapitre 9

Faire un vidéo, c'est beaucoup plus de travail que ça en a l'air. Le dimanche après-midi, nous nous retrouvons toutes les quatre dans la pièce à pois noirs et mauves. Nous ne sommes pas les seules, bien entendu. Il y a les trois membres du groupe des Rockers, le directeur de production, le cameraman et son assistant, l'assistant de production, le preneur de son, l'éclairagiste et même Bulldozer. Richard Gauthier trouve qu'il entre bien dans le décor avec sa fourrure noire.

Karine porte un jean bleu marin et un chandail bleu et blanc. Patricia, un t-shirt rouge et blanc et un pantalon blanc et je porte un survêtement mauve. Stéphanie est la seule à être en jupe jean avec un grand coton ouaté mauve et blanc et d'énormes boucles d'oreilles.

— Prêts? demande le directeur.

— On y va, lance l'assistant de production.

La caméra commence à tourner. L'assistant cameraman nous montre une ardoise. Stéphanie se tourne vers la caméra en souriant.

— Scène un, prise un! crie l'assistant cameraman.

— On tourne! lance le directeur de production.

Les Rockers jouent quelques notes à la guitare. Au signal, nous commençons à danser et... Bulldozer se met à hurler. Je ne me suis jamais sentie aussi gênée.

— Coupez... Coupez! crie le directeur. On ne peut pas garder le chien!

Moi qui lui avait acheté un nouveau collier rouge pour l'occasion! Je dois le ramener à la maison et l'enfermer dans le garage. Lorsque je reviens, nous reprenons à zéro. Scène un, prise deux! Patricia se trompe de pas. Scène un, prise trois! Richard fonce dans un de ses copains et laisse tomber sa guitare, et ainsi de suite.

À la scène trois, prise cinq, Karine est prête à s'en aller.

— Je ne veux plus jamais entendre cette chanson, grommelle-t-elle.

Je fais remarquer que Bulldozer avait raison. Les Rockers jouent fort mais en dehors de ça, ils ne sont pas fameux.

— S'ils étaient connus, ils ne joueraient pas dans cette vieille maison, fait remarquer Karine.

— Pense à Stéphanie, murmure Patricia. Elle fait tellement d'efforts pour Michel.

À la fin du tournage, nous rentrons à moitié sourdes, les pieds pleins d'ampoules et des affiches autographiées des Rockers.

— Ces affiches vaudront cinq cents dans un an ou deux, lance Karine. Plus les Rockers jouent, pire ils sont! Jamais ils ne seront populaires.

— Bien sûr qu'ils le deviendront, dis-je en regardant Stéphanie. Et Michel trouvera ça très bien.

— Michel? demande Stéphanie comme si elle n'a jamais entendu parler de lui.

— Je lui rappelle qu'il s'agit de Michel Pouliot.

— Oh, ce Michel-là! Je trouve que Richard Gauthier est bien mieux, non?

ACHEVÉ D'IMPRIMER
EN FÉVRIER 1991
SUR LES PRESSES DE
PAYETTE & SIMMS INC.
À SAINT-LAMBERT, P.Q.